菜根譚

作　　者：（明）洪應明
責任編輯：謙　和
裝幀設計：謙德文化
出　　版：古籍書局有限公司
香港尖沙咀金巴利道 53 號
E-MAIL：qiandedushu@qq.com
發　　行：古籍書局有限公司
香港尖沙咀金巴利道 53 號
印　　刷：杭州蕭山古籍印務有限公司
版　　次：2024 年 8 月第 1 版第 1 次印刷
定　　價：HK$ 280.00

ISBN 978-988-70548-3-2
Published in Hong Kong

（明）洪應明　著

菜根譚

古籍書局

據民國武進陶氏涉園石印本景印

菜根譚

(明)洪應明 著

古籍書店

還初道人著書二種

曩見日本覆刻明洪應明菜根譚一帙為我邦著錄家所未見甲子歲鳳禹門將軍藏書大出得舊鈔本前有還初堂主人識語朱欄恭楷類內府寫本己巳仲春檢查故宮圖書在景陽宮

叢書三種

還初道人

仲春檢查故宮圖書於景陽宮

[illegible]

見一滿漢文巾箱本未著付梓年
月同時在廠肆得明刻仙佛奇
蹤八卷亦應明所撰與四庫存
錄卷目小異遂初主人謂菜根
譚雖屬禪宗然於身心性命
之學實有隱隱相發明者令與

仙佛奇蹤比而觀之一則世間
法一則出世法也爰合印之名曰
還初道人著書二種以廣流
傳云　庚午日長至涉園識

傳之　來千日來至法園遊
遇和道人諸書二種之藏法
法一則此世法也寫今印之於日
今佈奉獻於右藏之一旦同

之遊寶藏[illegible]相讚明者今無
律[illegible][illegible]神[illegible]脫林身心靈命
請[illegible]自之果[illegible]和尚入[illegible]深[illegible]
蹤之[illegible]之[illegible]明[illegible]故無日華一[illegible]
同[illegible][illegible]在[illegible]華[illegible]明[illegible]心[illegible]
見一諸藏又中[illegible]本末[illegible][illegible][illegible]

洪氏菜根譚一卷

董康題

歲在辛未夏日
武進陶氏重印

洪氏菜根譚一卷

董康題

武進陶氏重印
歲在辛未夏日

余過古剎於殘經敗紙中拾得菜根譚一錄繙視之雖屬禪宗然於身心性命之學實有隱〻相發明者亟携歸重加校讐繕寫成帙舊有序文不雅馴且於是書無關涉語故芟之著是書者為洪應明究不知其為何許人也乾隆五十九年二月二日遂初堂主人識

菜根譚

洪應明

脩省

欲做精金美玉的人品定從烈火中煅來思立掀天揭地的事功須向薄氷上履過

一念錯便覺百行皆非防之當如渡海浮囊勿容一針之罅漏萬善全始得一生無愧脩之當如凌雲寶樹須假衆木以撐持

忙處事為常向閒中先檢點過舉自稀動時念想預從靜裏密操持非心自息

為善而欲自高勝人施恩而欲要名結好脩業而欲驚世駭俗植節而欲標異見奇此皆是善念中戈矛理路上荊棘最易夾帶最難拔除者也須是滌盡渣滓斬絕萌芽纔見本來真體

能輕富貴不能輕一輕富貴之心能重名義又復重一重名義之念是事境之塵氛未埽而心境之

芥蔕未忘此處拔除不淨恐石去而草復生矣

紛擾固溺志之場而枯寂亦槁心之地故學者當棲心元默以寧吾真體亦當適志恬愉以養吾圓機

昨日之非不可留留之則根燼復萌而塵情終累乎理趣今日之是不可執執之則渣滓未化而理趣反轉為欲根

無事便思有閑雜念想否有事便思有麤浮意氣否得意便思有驕矜辭色否失意便思有怨望情懷否時時檢點到得從多入少從有入無處纔是學問的真消息

士人有百折不回之真心纔有萬變不窮之妙用

立業建功事事要從實地著腳若少慕聲聞便成偽果講道脩德念念要從虛處立基若稍計功效便落塵情

身不宜忙而忙於閒暇之時亦可儆惕惰氣心不

芥蒂未忘此處被隔不淨恐石去而草復生矣

紛擾固溺志之場而枯寂亦槁心之境故學者當棲心元默以寧吾真體亦當適志恬愉以養吾圓機

昨日之非不可留留之則根燼復萌而塵情終累乎理趣今日之是不可執執之則渣滓未化而理趣反轉為欲根

無事便思有閒雜念想否有事便思有麤浮意氣

否得意便思有驕矜辭色否失意便思有怨望情懷否時時檢點到得從多入少從有入無處纔是學問的真消息

士人有百折不回之真心纔有萬變不窮之妙用

立業建功事事要從實地著脚若少慕聲聞便成偽果講道修德念念要從虛處立基若稍計功效便落塵情

身不宜忙而忙於閒暇之時亦可儆惕惰氣心不

可放而放於收攝之後亦可鼓暢天機

鐘鼓體虛為聲聞而招擊撞麋鹿性逸因豢養而受羈縻可見名為招禍之本欲乃散志之媒學者不可不力為掃除也

一念常惺纔避去神弓鬼矢纖塵不染方解開地網天羅

一點不忍的念頭是生民生物之根芽一段不為的氣節是撐天撐地之柱石故君子於一蟲一蟻

不忍傷殘一縷一絲勿容貪冒便可為萬物立命天地立心矣

撥開世上塵氛胸中自無火炎氷競消却心中鄙吝眼前時有月到風來

學者動靜殊操喧寂異趣還是煆煉未熟心神混淆故耳須是操存涵養定雲止水中有鳶飛魚躍的景象風狂雨驟處有波恬浪靜的風光纔見處一化齊之妙

可放石故於大籬以故者可觸動天機

鐘鼓體虛為聲聞而招擊撞麋鹿性逸因豢養而受羈縻可見名為招禍之本欲乃散志之媒學者不可不力為掃除

一念常惺纔避去神弓鬼矢纖塵不染方解開地網天羅

一點不忍的念頭是生民生物之根芽一段不為的氣節是撐天撐地之柱石故君子於一蟲一蟻不忍傷殘一縷一絲勿容貪冒便可為萬物立命天地立心矣

擾閙世上塵氛胸中自無火炎冰競消却心中節各眼前時有月到風來

學者動靜殊操喧寂異趣還是鍛鍊未熟心神混淆故耳須是操存涵養定雲止水中有鳶飛魚躍的意象風狂雨驟處有波恬浪靜的風光纔見處一化齊之妙

心是一顆明珠以物欲障蔽之猶明珠而混以泥沙其洗滌猶易以情識襯貼之猶明珠而飾以銀黄其滌除冣難故學者不患垢病而患潔病之難治不畏事障而畏理障之難除

軀殼的我要看得破則萬有皆空而其心常虛虛則義理来居性命的我要認得真則萬理皆備而其心常實實則物欲不入

面上掃開十層甲冑眉目纔無可憎胷中滌去數斗

塵語言方覺有味

完的心上之本来方可言了心盡的世間之常道纔堪論出世

我果為洪爐大冶何患頑金鈍鐵之不可陶鎔我果為巨海長江何患横流污瀆之不能容納

白日欺人難逃清夜之鬼報紅顏失志空貽皓首之悲傷

以積貨財之心積學問以求功名之念求道德以

心是一顆明珠以物欲障蔽之猶明珠而混以泥沙其洗滌猶易以情識襯貼之猶明珠而飾以銀黃其滌除最難故學者不患垢病而患潔病之難治不畏事障而畏理障之難除

軀殼的我要看得破則萬有皆空而其心常虛虛則義理來居性命的我要認得真則萬理皆備而其心常實實則物欲不入

面上掃開十層甲眉目纔無可憎胸中滌去數斗塵語言方覺有味

完得心上之本來方可言了心盡得世間之常道纔堪論出世

我果為洪爐大冶何患頑金鈍鐵之不可陶鎔我果為巨海長江何患橫流污瀆之不能容納

白日欺人難逃清夜之愧赧紅顏失志空貽皓首之悲傷

以積貨財之心積學問以求功名之念求道德以

愛妻子之心愛父母以保爵位之策保國家出此入彼念慮只差毫末而超凡入聖人品且判星淵矣人胡不猛然轉念哉

立百福之基只在一念慈祥開萬善之門無如寸心挹損

塞得物欲之路纔堪闢道義之門弛得塵俗之肩方可挑聖賢之擔

融得性情上偏私便是一大學問消得家庭內嫌隙便是一大經綸

功夫自難處做去者如逆風鼓棹纔是一段真精神學問自苦中得來者似披沙獲金纔是一箇真消息

執拗者福輕而圓融之人其祿必厚操切者壽夭而寬厚之士其年必長故君子不言命養性即所以立命亦不言天盡人自可以回天

才智英敏者宜以學問攝其躁氣節激昂者當以

發揮于以己愛父母以保障依以衆依國家出此

入彼念慮只差毫末而超凡入聖人品且判星淵矣人胡不猛然轉念哉

迓百福之基只在一念慈祥開萬善之門無如寸心挹損

塞得物欲之路纔堪闢道義之門弛得塵俗之肩方可挹聖賢之蘊

融得性情上偏私便是一大學問消得家庭內嫌

菜根譚　·　五

隙便是一大經綸

功夫自難處做去者如逆風鼓棹纔是一段真精神學問自苦中得來者似披沙獲金纔是一箇真消息

執拗者福輕而圓融之人其祿必厚操切者壽夭而寬厚之士其年必長故君子不言命養性即所以立命亦不言天盡人自可以回天

才智英敏者宜以學問攝其躁氣節激昂者當以

德性融其偏

雲煙影裏現真身始悟形骸為桎梏禽鳥聲中聞自性方知情識是戈矛

人欲從初起處翦除便似新芻遽斬其工夫極易天理自乍明時充拓便如塵鏡復磨其光彩更新

一勺水便具四海水味世法不必盡嘗千江月總是一輪月光心珠宜當獨朗

得意處論地談天俱是水底撈月拂意時吞氷嚙雪纔為火內栽蓮

事理因人言而悟者有悟還有迷總不如自悟之了了意興從外境而得者有得還有失總不如自得之休休

情之同處即為性舍情則性不可見欲之公處即為理舍欲則理不可明故君子不能滅情惟事平情而已不能絕欲惟期寡欲而已

欲遇變而無倉忙須向常時念念守得定欲臨死

而無貪戀須向生時事事看得輕

一念過差足喪生平之善終身檢飭難蓋一事之愆

從五更枕席上參勘心體氣未動情未萌纔見本来面目向三時飲食中諳練世味濃不欣淡不厭方為切實工夫

應酬

操存要有真宰無真宰則遇事便倒何以植頂天立地之砥柱應用要有圓機無圓機則觸物有礙何以成旋乾轉坤之經綸

士君子之涉世於人不可輕為喜怒喜怒輕則心腹肝膽皆為人所窺於物不可重為愛憎愛憎重則意氣精神悉為物所制

倚高才而玩世背後須防射影之蟲飾厚貌以欺人面前恐有照膽之鏡

心體澄徹常在明鏡止水之中則天下自無可厭

之事意氣和平常在麗日光風之内則天下自無可惡之人

當是非邪正之交不可少遷就少遷就則失從違之正值利害得失之會不可太分明太分明則起趨避之私

蒼蠅附驥捷則捷矣難辭處後之羞蔦蘿依松高則高矣未免仰攀之耻所以君子寧以風霜自挾毋為魚鳥親人

好醜心太明則物不契賢愚心太明則人不親士君子須是内精明而外渾厚使好醜兩得其平賢愚共受其益纔是生成的德量

伺察以為明者常因明而生暗故君子以恬養智奮迅以為速者多因速而致遲故君子以重持輕

士君子濟人利物宜居其實不宜居其名居其名則德損士大夫憂國為民當有其心不當有其語有其語則毀來

遇大事矜持者小事必縱弛處明庭檢飾者暗室必放逸君子只是一個念頭持到底自然臨小事如臨大敵坐密室若坐通衢

使人有面前之譽不若使其無背後之毀使人有乍交之歡不若使其無久處之厭

善啟迪人心者當因其所明而漸通之毋強開其所閉善移易風化者當因其所易而漸反之毋輕矯其所難

彩筆描空筆不落色而空亦不受染利刀割水刀不損鍔而水亦不留痕得此意以持身涉世感與應俱適心與境兩忘矣

己之情欲不可縱當用逆之之法以制之其道只在一忍字人之情欲不可拂當用順之之法以調之其道只在一恕字今人皆恕以適己而忍以制人毋乃不可乎

好察非明能察能不察之謂明必勝非勇能勝能

遇大事矜持者小事必縱弛處明庭檢飭者暗室必放逸君子只是一箇念頭持到底自然臨小事如臨大敵坐密室若坐通衢

使人有面前之譽不若使其無背後之毀使人有乍交之歡不若使其無久處之厭

善啟迪人心者當因其所明而漸通之毋強開其所閉善移風化者當因其所易而漸反之毋輕矯其所難

彩筆描空筆不落色而空亦不受染利刀割水刀不損鍔而水亦不留痕得此意以持身涉世感與應俱適心與境兩忘矣

己之情欲不可縱當用逆之之法以制之其道只在一忍字人之情欲不可拂當用順之之法以調之其道只在一恕字今人皆恕以適己而忍以制人毋乃不可乎

好察非明能察能不察之謂明必勝非勇能勝能

不勝之謂勇

隨時之內善救時若和風之消酷暑混俗之中能脫俗似淡月之映輕雲

思入世而有為者須先領得世外風光否則無以脫垢濁之塵緣思出世而無滌者須先諳盡世中滋味否則無以持空寂之苦趣

與人者與其易踈于終不若難親于始御事者與其巧持于後不若拙守于前

酷烈之禍多起于玩忽之人盛滿之功常敗于細微之事故語云人人道好須防一人著惱事事有功須防一事不終

功名富貴直從滅處觀究竟則貪戀自輕橫逆困窮直從起處究由來則怨尤自息

宇宙內事要力擔當又要善擺脫不擔當則無經世之事業不擺脫則無出世之襟期

待人而留有餘不盡之恩禮則可以維繫無厭之

人心御事而留有餘不盡之才智則可以隄防不測之事變

了心自了事猶根拔而草不生逃世不逃名似羶存而蚋仍集

仇邊之弩易避而恩裏之戈難防苦時之坎易逃而樂處之阱難脫

羶穢則蠅蚋叢嘬芳馨則蜂蝶交侵故君子不作垢業亦不立芳名只是元氣渾然圭角不露便是持身涉世一安樂窩也

從靜中觀物動向閒處看人忙纔得超塵脫俗的趣味遇忙處會偷閒處鬧中能取靜便是安身立命的工夫

邀千百人之歡不如釋一人之怨希千百事之榮不如免一事之醜

落落者難合亦難分欣欣者易親亦易散是以君子寧以剛方見憚毋以媚悅取容

意氣與天下相期如春風之鼓暢庶類不宜存半點隅閡之形肝膽與天下相照似秋月之洞徹羣品不可作一毫曖昧之狀

仕途雖赫奕常思林下的風味則權勢之念自輕世途雖紛華常思泉下的光景則利欲之心自淡

鴻未至先援弓兔已亡再呼矢總非當機作用風息時休起浪岸到處便離船纔是了手工夫

從熱鬧場中出幾句清冷言語便掃除無限殺機向寒微路上用一點赤熱心腸自培植許多生意

随緣便是遣緣似舞蝶與飛花共適順事自然無事若滿月偕盂水同圓

淡泊之守須從濃艷場中試来鎮定之操還向紛紜境上勘過不然操持未定應用未圓恐一臨機登壇而上品禪師又成一下品俗士矣

廉所以戒貪我果不貪又何必標一廉名以来貪夫之側目讓所以戒爭我果不爭又何必立一讓

意氣與天下相期，如春風之鼓暢庶類，不宜存半點隔閡之形；肝膽與天下相照，似秋月之洞徹群品，不可作一毫曖昧之狀。

仕途雖赫奕，常思林下的風味，則權勢之念自輕；世途雖紛華，常思泉下的光景，則利欲之心自淡。

鴻未至先援弓，兔已亡再呼矢，總非當機作用；風息時休起浪，岸到處便離船，纔是了手工夫。

從熱鬧場中出幾句清冷言語，便掃除無限殺機；向寒微路上用一點赤熱心腸，自培植許多生意。

隨緣便是遣緣，似舞蝶與飛花共適；順事自然無事，若滿月偕盂水同圓。

淡泊之守，須從穠豔場中試來；鎮定之操，還向紛紜境上勘過。不然操持未定，應用未圓，恐一臨機登壇，而上品禪師又成一下品俗士矣。

廉所以成貪，我果不貪，又何必標一廉名，以來貪夫之側目；議所以成爭，我果不爭，又何必立一議

的以致暴客之彎弓

無事常如有事時隄防纔可以彌意外之變有事常如無事時鎮定方可以消局中之危

處世而欲人感恩便為斂怨之道遇事而為人除害即是導利之機

持身如泰山九鼎凝然不動則愆尤自少應事若流水落花悠然而逝則趣味常多

君子嚴如介石而畏其難親鮮不以明珠為怪物而起按劍之心小人滑如脂膏而喜其易合鮮不以毒螫為甘飴而縱染指之欲

遇事只一味鎮定從容縱紛若亂絲終當就緒待人無半毫矯偽欺隱雖狡如山鬼亦自獻誠

肝腸煦若春風雖囊乏一文還憐煢獨氣骨清如秋水縱家徒四壁終傲王公

討了人事的便宜必受天道的虧貪了世味的滋益必招性分的損涉世者宜審擇之慎毋貪黃雀

足以致暴客之譏

無事常如有事時提防可以彌意外之變有事常如無事時鎮定方可以消局中之危

處世而欲人感恩便為斂怨之道遇事而為人除害即是導利之機

持身如泰山九鼎凝然不動則愆尤自少應事若流水落花悠然而逝則趣味常多

君子嚴如介石而畏其難親鮮不以明珠為怪物

而起按劍之心小人滑如脂膏而喜其易合鮮不以毒藥為甘飴而縱染指之欲

遇事只一味鎮定從容紛若亂絲終當就緒待人無半毫矯偽欺隱雖狡若山鬼亦自獻誠

肝腸煦若春風雖囊乏一文還憐煢獨氣骨清如秋水縱家徒四壁終傲王公

討了人事的便宜必受天道的虧貪了世味的滋益必招性分的損涉世者宜審擇之慎毋貪黃

而墜深井舍隋珠而彈飛禽也

費千金而結納賢豪孰若傾半瓢之粟以濟飢餓之人構千楹而招來賓客孰若葺數椽之茅以庇孤寒之士

解鬬者助之以威則怒氣自平懲貪者濟之以欲則利心反淡所謂因其勢而利導之亦救時應變一權宜法也

市恩不如報德之為厚雪忿不若忍恥之為高要譽不如逃名之為適矯情不若直節之為真

救既敗之事者如馭臨崖之馬休輕策一鞭圖垂成之功者如挽上灘之舟莫少停一棹

先達笑彈冠休向侯門輕曳裾相知猶按劍莫從世路暗投珠

楊修之軀見殺於曹操以露己之長也韋誕之墓見伐於鍾繇以秘己之美也故哲士多匿采以韜光至人常遜美而公善

少年的人不患其不奮迅常患以奮迅而成鹵莽故當抑其躁心老成的人不患其不持重常患以持重而成退縮故當振其惰氣

望重縉紳怎似寒微之頌德朋來海宇何如骨肉之孚心

舌存常見齒亡剛强終不勝柔弱户朽未聞樞蠹偏執豈能及圓融

評議

物莫大于天地日月而子美云日月籠中鳥乾坤水上萍事莫大于揖遜征誅而康節云唐虞揖遜三杯酒湯武征誅一局棋人能以此胸襟眼界吞吐六合上下千古事來如漚生大海事去如影滅長空自經綸萬變而不動一塵矣

君子好名便起欺人之念小人好名猶懷畏人之心故人而皆好名則開詐善之門使人而不好名則絕為善之路此譏好名者當嚴責夫君子不當

少年的人不患其不奮迅常患以奮迅而成鹵莽故當抑其躁心老成的人不患其不持重常患以持重而成退縮故當振其惰氣

望重縉紳不如寒微之頌德朋來海宇何如骨肉之孚心

舌存常見齒亡剛強終不勝柔弱戶朽未聞樞蠹偏執豈能及圓融

評議

物莫大于天地日月而子美云日月籠中鳥乾坤水上萍事莫大于揖遜征誅而康節云唐虞揖遜三杯酒湯武征誅一局棋人能以此胸襟眼界吞吐六合上下千古事來如漚生大海事去如影滅長空自經綸萬變而不動一塵矣

君子好名便起欺人之念小人好名猶懷畏人之心故人而皆好名則開詐善之門使人不好名則絕善之路此譏好名者當嚴責夫君子不當

過求于小人也

大惡多從柔處伏哲士須防綿裏之針深仇常自愛中来達人宜遠刀頭之蜜

持身涉世不可隨境而遷須是大火流金而清風穆然嚴霜殺物而和氣藹然陰霾翳空而慧日朗然洪濤倒海而砥柱屹然方是宇宙内的真人品

愛是萬緣之根當知割捨識是衆欲之本要力掃除

作人要脱俗不可存一矯俗之心應世要隨時不可起一趨時之念

寧有求全之毀不可有過情之譽寧有无妄之災不可有非分之福

毀人者不美而受人毀者遭一番訕謗便加一番脩省可以釋回而增美欺人者非福而受人欺者遇一番横逆便長一番器宇可以轉禍而為福

夢裏懸金佩玉事事逼真睡去雖真覺後假閒中

演偈談元言言酷似說来雖是用時非

天欲禍人必先以微福驕之所以福來不必喜要看他會受天欲福人必先以微禍儆之所以禍来不必憂要看他會救

榮與辱共蔕厭辱何須求榮生與死同根貪生不必畏死

作人只是一味率真蹤跡雖隱還顯存心若有半毫未净事為雖公亦私

鷯占一枝反笑鵬心奢侈兎營三窟轉嗤鶴壘高危智小者不可以謀大趣卑者不可與談高信然矣

貧賤驕人雖涉虛憍還有幾分俠氣英雄欺世縱似揮霍全没半點真心

糟糠不為彘肥何事偏貪鈎下餌錦綺豈因犧貴誰人能解籠中囮

琴書詩畫達士以之養性靈而庸夫徒賞其跡象

山川雲物高人以之助學識而俗子徒玩其光華可見事物無定品隨人識見以為高下故讀書窮理要以識趣為先

美女不尚鉛華似疎梅之映淡月禪師不落空寂若碧沼之吐青蓮

廉官多無後以其太清也癡人每多福以其近厚也故君子雖重廉介不可無含垢納污之雅量雖戒癡頑亦不必有察淵洗垢之精明

密則神氣拘逼疎則天真爛漫此豈獨詩文之工拙從此分哉吾見周密之人純用機巧疎狂之士獨任性真人心之生死亦於此判也

翠篠傲嚴霜節縱孤高無傷沖雅紅蕖媚秋水色雖艷麗何損清修

貧賤所難不難在砥節而難在用情富貴所難不難在推恩而難在好禮

簪纓之士常不及孤寒之子可以抗節致忠廟堂

之士常不及山野之夫可以料事燭理何也彼以濃艷損志此以淡泊全真也

榮寵傍邊辱等待不必揚揚困窮背後福跟隨何須戚戚

古人閒適處今人却忙過了一生古人實受處今人又虛度了一世總是耽空逐妄看個色身不破認個法身不真耳

芝草無根醴無源志士當勇奮翼彩雲易散琉璃脆達人當早回頭

少壯者事事當用意而意反輕徒汎汎作水中鳧而已何以振雲霄之翮衰老者事事宜忘情而情反重徒碌碌為轅下駒而已何以脫韁鎖之身

帆只揚五分船便安水只注五分器便穩如韓信以勇略震主被擒陸機以才名冠世見殺霍光敗于權勢逼君石崇死于財賦敵國皆以十分取敗者也康節云飲酒莫教成酩酊看花慎勿至離披

旨哉言乎

附勢者如寄生依木木伐而寄生亦枯竊利者如螬虰盜人人死而螬虰亦滅始以勢利害人終以勢利自斃勢利之為害也如是夫

失血于杯中堪笑猩猩之嗜酒為巢于幕上可憐燕燕之偷安

鶴立雞羣可謂超然無侶矣然進而觀于大海之鵬則眇然自小又進而求之九霄之鳳則巍乎莫及所以至人常若無若虛而盛德多不矜不伐也

貪心勝者逐獸而不見泰山在前彈雀而不知深井在後疑心勝者見弓影而驚杯中之蛇聽人言而信市上之虎人心一偏遂視有為無造無作有如此心可妄動乎哉

蛾撲火火焦蛾莫謂禍生無本果種花花結果須知福至有因

車爭險道馬騁先鞭到敗處未免噬臍粟喜堆山

旨哉言乎

附勢者如寄生依木木伐而寄生亦枯竊利者如蟲蚋盜人人死而蟲蚋亦滅始以勢利害人終以勢利自斃勢利之為害也如是夫

夫盜于林中竊矣人遲遲之入看酒肴果于桌上可辭燕燕之倫乎

鶴立雞群可謂超然無侶矣然進而觀於大海之鵬則眇然自小又進而求之九霄之鳳則巍乎莫及所以至人常若無若虛而盛德多不矜不伐也

貪心勝者逐獸而不見泰山在前彈雀而不知深井在後疑心勝者見弓影而驚杯中之蛇聽人言而信市上之虎人心一偏遂視有為無造無作有如此心可妄動乎哉

蛾撲火火焦蛾莫謂禍生無本果種花花結果須知福至有因

車爭險道馬騁先鞭到敗處未免噬臍粟裹喜雉山

金誇過斗臨行時還是空手

花逞春光一番雨一番風催歸塵土竹堅雅操幾朝霜幾朝雪傲就琅玕

富貴是無情之物看得他重他害你越大貧賤是耐久之交處得他好他益你反深故貪商於而戀金谷者竟被一時之顯戮樂簞瓢而甘敝縕者終享千載之令名

鴿惡鈴而高飛不知斂翼而鈴自息人惡影而疾走不知處陰而影自滅故愚夫徒疾走高飛而平地反為苦海達士知處陰斂翼而巉巖亦是坦途

秋蟲春鳥共暢天機何必浪生悲喜老樹新花同含生意胡為妄別媸妍

多栽桃李少栽荊便是開條福路不積詩書偏積玉還如築箇禍基

萬境一轍原無地著個窮通萬物一體原無處分個彼我世人迷真逐妄乃向坦途上自設一坷坎

金帶過半臨行時還是空手

花逞春光一番雨一番風催歸塵土竹堅雅操幾朝霜幾朝雪傲就琅玕

富貴是無情之物看得他重他害你越大貧賤是耐久之交處得他好他益你反深故貪商於而戀金谷者竟被一時之顯戮樂簞瓢而甘敝縕者終享千載之令名

鶴思各而高飛不知飲翼而從自息人是非而

夫不知處陰而自滅故愚夫技窮大高飛而平

地天為吉海連土知流傲敗異而藏亦見垣遊

秋蟲春鳥共暢天機何必浪生悲喜老樹新花同含生意胡為妄別媸妍

多栽桃李少栽荊便是開條福路不積詩書偏積玉還如築個禍基

萬境一轍原無地著個窮通萬境一靈原無分

個紙錢入手真夜身白[illegible]上白設一口決

從空洞中自築一藩籬良足慨哉

大聰明的人小事必朦朧大懵懂的人小事必伺察蓋伺察乃懵懂之根而朦朧正聰明之窟也

大烈鴻猷常出悠閒鎮定之士不必忙忙休徵景福多集寬洪長厚之家何須瑣瑣

貧士肯濟人纔是性天中惠澤鬧場能學道方為心地上工夫

人生只為欲字所累便如馬如牛聽人羈絡為鷹

福善不在杳冥即在食息起居處牖其衷禍淫不在幽渺即在動靜語默間奪其魄可見人之精爽常通于天天之威命即寓于人天人豈相遠哉

閒適

晝閒人寂聽數聲鳥語悠揚不覺耳根盡徹夜靜天高看一片雲光舒卷頓令眼界俱空

世事如棋局不着得纔是高手人生似瓦盆打破了方見真空

人生只為欲字所累便如馬如牛聽人羈絡為鷹為犬任物鞭笞若果一念清明淡然無欲天地也不能轉動我鬼神也不能役使我況一切區區事物乎

貪得者身富而心貧知足者身貧而心富居高者形逸而神勞處下者形勞而神逸孰得孰失孰幻孰真達人當自辨之

龍可豢非真龍虎可搏非真虎故爵祿可餌榮進之輩必不可籠淡然無欲之人鼎鑊可及寵利之流必不可加飄然遠引之士

一場閑富貴狠狠争來雖得還是失百歲好光陰忙忙過了縱壽亦為殀

高車嫌地僻不如魚鳥解親人駟馬喜門高怎似鶯花能避俗

紅燭燒殘萬念自然厭冷黃粱夢破一身亦似雲浮

千載奇逢無如好書良友一生清福只在椀茗爐煙

蓬茅下誦詩讀書日日與聖賢晤語誰云貧是病樽罍邊幕天席地時時共造化氤氳孰謂醉非禪

興來醉倒落花前天地即為衾枕機息坐忘盤石上古今盡屬蜉蝣

昂藏老鶴雖飢飲啄猶閒肯同雞鶩之營營而競

龍可豢非真龍虎可搏非真虎故爵祿可餌榮進
之輩必不可餌淡無欲之人鼎鑊可及寵利之
流必不可加飄然遠引之士

一場閒富貴狠狠爭來雖得還是失百歲好光陰
忙忙過了縱壽亦為夭

高車嫌地僻不如魚鳥解親人駟馬喜門高
鶯花能避俗

詩[illegible]殘[illegible]含白雲天含黃葉來路一身衣[illegible]

客

千載奇逢無如好書良友一生清福只在碗茗爐
煙

蓬茅下誦詩讀書日日與聖賢晤語誰云貧是病
樽罍邊幕天席地時時共造化氤氳孰謂醉非禪

興來醉倒落花前天地即為衾枕機息坐忘盤石
上古今盡屬蜉蝣

昂藏老鶴雖飢飲啄猶閑肯同雞鶩之營營而競食

食偃蹇寒松縱老丰標自在豈似桃李之灼灼而争妍

吾人適志于花柳爛漫之時得趣于笙歌騰沸之處乃是造化之幻境人心之蕩念也須從木落草枯之後向聲希味淡之中覓得一些消息纔是乾坤的槖籥人物的根宗

靜處觀人事即伊呂之勳庸夷齊之節義無非大海浮漚閒中玩物情雖木石之偏枯鹿豕之頑蠢總是吾性真如

花開花謝春不管拂意事休對人言水煖水寒魚自知會心處還期獨賞

閑觀撲紙蠅笑癡人自生障礙靜覩競巢鵲嘆傑士空逞英雄

看破有盡身軀萬境之塵緣自息悟入無壞境界一輪之心月獨明

土牀石枕冷家風擁衾時魂夢亦爽麥飯豆羹淡

迷則樂境成苦海如水凝為冰悟則苦海為樂境猶冰渙作水可見苦樂無二境迷悟非兩心只在一轉念間耳

遍閱人情始識疎狂之足貴備嘗世味方知淡泊之為真

地寬天高尚覺鵬程之窄小雲深松老方知鶴夢之悠閒

兩個空拳握古今握住了還當放手一條竹杖挑風月挑到時也要息肩

階下幾點飛翠落紅收拾來無非詩料牕前一片浮青映白悟入處盡是禪機

忽覩天際彩雲常疑好事皆虛事再觀山中閒木方信閒人是福人

東海水曾聞無定波世事何須扼腕北邙山未省留閒地人生且自舒眉

天地尚無停息日月且有盈虧況區區人世能事

迷則樂境成苦海如水凝為冰悟則苦海為樂境猶冰渙作水可見苦樂無二境迷悟非兩心只在一轉念間耳

遍閱人情始識疏狂之足貴備嘗世味方知淡泊之為真

地寬天高尚覺鵬程之窄小雲深松老方知鶴夢之悠閒

兩個空拳握古今握住了還當放手一條竹杖挑

風月挑到時也要息肩

階下幾點飛翠落紅收拾來無非詩料窗前一片浮青映白悟入處盡是禪機

忽睹天際彩雲常疑好事皆虛事再觀山中閒木方信閒人是福人

東海水曾聞無定波世事何須扼腕北邙山未省留閒地人生且自舒眉

天地尚無停息日月且有盈虧況區區人世能事

滋味放箸處齒頰猶香

談紛華而厭者或見紛華而喜語淡泊而欣者或處淡泊而厭須掃除濃淡之見滅却欣厭之情纔可以忘紛華而甘淡泊也

鳥驚心花濺淚懷此熱肝腸如何領取得冷風月山寫照水傳神識吾真面目方可擺脫得幻乾坤

富貴得一世寵榮到死時反增了一個戀字如負重擔貧賤得一世清苦到死時反脫了一個厭字

如釋重枷人誠想念到此當急回貪戀之首而猛舒愁苦之眉矣

人之有生也如太倉之粒米如灼目之電光如懸崖之朽木如逝海之一波知此者如何不悲如何不樂如何看他不破而懷貪生之慮如何看他不重而貽虛生之羞

鷸蚌相持兎犬共斃冷覷來令人猛氣全消鷗鳧共浴鹿豕同眠閒觀去使我機心頓息

共浴庶乎同眠閒觀去便於機心頓息
鷗鹿相狎兒大共戲谷鳥來今入疏氣含清圓亮
重石脫底生之趣

不樂如何者能不倦而貪生之處者如何者施不
達之指木如逝海之一波智此者如何不悲如何
入之有生也如大倉之一粒米如幼目之電光如遊
行過者之居矣

如釋重智入故想念到此者皆可會變之者而盡

菜根譚　二十六

重擔頓脫得一生清苦到死時反自一個廉字
富貴休一世榮寵到死時反增了一個濫字
山通流水傳神識吾真面目方可攝取乾坤
萬之花濺浪諜此熱肝腸如何領取得冷風月
何以治紛華甘淡泊也
蔑淡泊而厭煩擾深濃之見減却欣厭之情纔
識紛華而厭者見紛華喜語淡泊而欣者
淡味於濃處厭濃淡

事圓滿而時時暇逸乎只是向忙裏偷閒遇缺處知足則操縱在我作息自如即造物不得與之論勞逸較虧盈矣

霜天聞鶴唳雪夜聽雞鳴得乾坤清純之氣晴空看鳥飛活水觀魚戲識宇宙活潑之機

閒烹山茗聽瓶聲爐內識陰陽之理漫履楸枰觀局戲手中悟生殺之機

芳菲園林看蜂忙覷破幾般塵情世態寂寞衡茅

觀燕寢引起一種冷趣幽思

會心不在遠得趣不在多盆池拳石間便居然有萬里山川之勢片言隻語內便宛然見萬古聖賢之心纔是高士得眼界達人得胸襟

心與竹俱空問是非何處安腳貌偕松共瘦知憂喜無由上眉

趨炎雖暖暖後更覺寒威食蔗能甘甘餘便生苦趣何似養志於清脩而炎涼不涉棲心于淡泊而

事圓滿而待暇退身只是何時事偷閒過處
知足則操縱在我作息自如即造物不得與之論
勞逸殊虧盈矣

霜天聞鶴唳雪夜聽雞鳴得乾坤清純之氣晴空
看鳥飛活水觀魚戲識宇宙活潑之機

閒眞山谷聽流聲爐內識陰陽之理漫臨楸枰局
石敲手中悟生殺之機

花非園林香蜂竹籬破幾樹梅意世態故實濃芳

觀燕窺引起一種冷趣幽思

會心不在遠得趣不在多盆池拳石間便居然有
萬里山川之勢片言隻語內便宛然見萬古聖賢
之心纔是高士的眼界達人的胸襟

心與竹俱空問是非何處安腳貌偕松共瘦知憂
喜無由上眉

邇來雖暇後更覺寂寥食無能甘有餘便生苦
逝何以養志於清湛而淡泊不逆樓心寸淡泊古

甘苦俱忘其自得為更多也

席擁飛花落絮坐林中錦繡團裀爐烹白雪清氷熬天上玲瓏液髓

逸態閒情惟期自尚何事外脩邊幅清標傲骨不願人憐無勞多買胭脂

天地景物如山間之空翠水上之漣漪潭中之雲影草際之煙光月下之花容風中之柳態若有若無半真半幻最足以悅人心目而豁人性靈真天地間一妙境也

樂意相關禽對語生香不斷樹交花此是無彼無此得真機野色更無山隔斷天光常與水相連此是徹上徹下得真境吾人時時以此景象注之心目何患心思不活潑氣象不寬平

鶴唳雪月霜天想見屈大夫醒時之激烈鷗眠春風暖日會知陶處士醉裏之風流

黃鳥情多常向夢中呼醉客白雲意懶偏来僻處

黃鳥情多常守夢中呼醉客白雲意懶偏來僻處
風暖日會知閒處士醉裏之風流
鷓鴣啼雪月霜天想見大夫醒時之激烈鶯啼春
目何患心思不活潑氣象不寬平
是徹上徹下得真境吾人時時以此景象注之心
此得真機野色更無山隔斷天光常與水相連此
樂意相關禽對語生香不斷樹交花此是無彼無
此間一妙境也

無非真景鳶飛以戾天心日古落入性靈真天
影草際之煙光月下之波容風中之柳態若有若
天地景物如山間之空翠水上之漣漪潭中之雲
須入悟無多買烟階
逸態閒情惟期自名何事外修邊幅清標傲骨不
熟天上玲瓏浮謫
庭擁花落葉窗林中錦繡圖畫真點白雲清水
甘苦俱忘其自得更入多也

媚幽人

棲遲蓬戶耳目雖拘而神情自曠結納山翁儀文雖畧而意念常真

滿室清風滿几月坐中物物見天心一溪流水一山雲行處時時觀妙道

炮鳳烹龍放箸時與虀鹽無異懸金佩玉成灰處共瓦礫何殊

掃地白雲來纔着工夫便起障鑿池明月入能空境界自生明

造化喚作小兒切莫受渠戲弄天地丸為大塊須要任我爐錘

想到白骨黃泉壯士之肝腸自冷坐老清溪碧嶂俗流之胷次亦閒

夜眠八尺日啖二升何須百般計較書讀五車才分八斗未聞一日清閒

槩論

通人

棲遲蓬戶耳目雖拘而神情自曠結納山翁儀文雖略而意念常真

滿室清風滿几月坐中物物見天心一溪流水一山雲行處時時觀妙道

炮鳳烹龍放箸時與虀鹽無異懸金佩玉成灰處共瓦礫何殊

掃地白雲來纔著工夫便起障鑿池明月入能空境界自生明

造化喚作小兒切莫受渠戲弄天地原為大塊須要任渠爐錘

想到白骨黃泉壯士之肝腸自冷坐來清溪碧嶂俗流之胸次亦閑

夜眠八尺日啖二升何須百般計較書讀五車才分八斗未聞一日清閑

禪論

君子之心事天青日白不可使人不知君子之才華玉韞珠藏不可使人易知

耳中常聞逆耳之言心中常有拂心之事纔是進德脩行得砥石若言言悅耳事事快心便把此生埋在鴆毒中矣

疾風怒雨禽鳥戚戚霽月光風草木欣欣可見天地不可一日無和氣人心不可一日無喜神

醲肥辛甘非真味真味只是淡神奇卓異非至人至人只是常

夜深人靜獨坐觀心始知妄窮而真獨露每於此中得大機趣既覺真現而妄難逃又於此中得大慚忸

恩裏由來生害故快意時須早回頭敗後或反成功故拂心處切莫放手

藜口莧腸者多氷清玉潔袞衣玉食者甘婢膝奴顏蓋志以淡泊明而節從肥甘喪矣

君子之心事天青日白不可使人不知君子之才
華玉韞珠藏不可使人易知
耳中常聞逆耳之言心中常有拂心之事纔是進
德修行的砥石若言言悅耳事事快心便把此生
埋在鴆毒中矣
疾風怒雨禽鳥戚戚霽日光風草木欣欣可見天
地不可一日無和氣人心不可一日無喜神
醲肥辛甘非真味真味只是淡神奇卓異非至人

至人只是常
夜深人靜獨坐觀心始知妄窮而真獨露每於此
中得大機趣既覺真現而妄難逃又於此中得大
慚忸
恩裏由來生害故快意時須早回頭敗後或反成
功故拂心處莫便放手
藜口莧腸者多冰清玉潔袞衣玉食者甘婢膝奴
顏蓋志以澹泊明而節從肥甘喪矣

面前的田地要放得寬使人無不平之嘆身後的惠澤要流得長使人有不匱之思

路徑窄處留一步與人行滋味濃的減三分讓人嗜此是涉世一極樂法

作人無甚高遠的事業擺脫得俗情便入名流為學無甚增益的工夫減除得物累便臻聖境

寵利毋居人前德業毋落人後受享毋踰分外脩持毋減分中

處世讓一步為高退步即進步的張本待人寬一分是福利人實利己的根基

蓋世的功勞當不得一個矜字彌天的罪過當不得一個悔字

完名美節不宜獨任分些與人可以遠害全身辱行污名不宜全推引些歸己可以韜光養德

事事要留個有餘不盡的意思便造物不能忌我鬼神不能損我若業必求滿功必求盈者不生內

面前的田地要放得寬使人無不平之嘆身後的
惠澤要流得長使人有不匱之思

路徑窄處留一步與人行滋味濃的減三分讓人
嘗此是涉世一極樂法

作人無甚高遠的事業擺脫得俗情便入名流為
學無甚增益的工夫減除得物累便超聖境

寵利毋居人前德業毋落人後受享毋踰分外修
持毋減分中

處世讓一步為高退步即進步的張本待人寬一
分是福利人實利己的根基

蓋世的功勞當不得一個矜字彌天的罪過當不
得一個悔字

完名美節不宜獨任分些與人可以遠害全身
辱行污名不宜全推引些歸己可以韜光養德

事事要留個有餘不盡的意思便造物不能忌我
鬼神不能損我若業必求滿功必求盈者不生內

變必招外憂

家庭有個真佛日用有種真道人能誠心和氣愉色婉言使父母兄弟間形體兩釋意氣交流勝于調息觀心萬倍矣

攻人之惡毋太嚴要思其堪受教人以善毋過高當使其可從

糞蟲至穢變為蟬而飲露于秋風腐草無光化為螢而耀采於夏月故知潔常自污出明每從暗生

也

矜高倨傲無非客氣降伏得客氣下而後正氣伸情欲意識盡屬妄心消殺得妄心盡而後真心現

飽後思味則濃淡之境都消色後思婬則男女之見盡絕故人當以事後之悔悟破臨事之癡迷則性定而動無不正

居軒冕之中不可無山林的氣味處林泉之下須要懷廊廟的經綸

處世不必徼功無過便是功與人不要感德無怨便是德

憂勤是美德太苦則無以適性怡情淡泊是高風太枯則無以濟人利物

事窮勢蹙之人當原其初心功成行滿之士要觀其末路

富貴家宜寬厚而反忌尅是富貴而貧賤其行如何能享聰明人宜斂藏而反炫燿是聰明而愚懵其病如何不敗

人情反覆世路崎嶇行不去須知退一步之法行得去務加讓三分之功

待小人不難于嚴而難于不惡待君子不難于恭而難于有禮

寧守渾噩而黜聰明留些正氣還天地寧謝紛華而甘淡泊遺個清名在乾坤

降魔者先降其心心伏則羣魔退聽馭橫者先馭

處世不必邀功無過便是功與人不要感德無怨便是德

憂勤是美德太苦則無以適性怡情淡泊是高風太枯則無以濟人利物

事窮勢蹙之人當原其初心功成行滿之士要觀其末路

富貴家宜寬厚而反忌刻是富貴而貧賤其行如何能享聰明人宜斂藏而反炫耀是聰明而愚懵其病如何不敗

人情反覆世路崎嶇行不去須知退一步之法行得去務加讓三分之功

待小人不難於嚴而難於不惡待君子不難於恭而難於有禮

寧守渾噩而黜聰明留些正氣還天地寧謝紛華而甘淡泊遺個清名在乾坤

降魔者先降其心心伏則群魔退聽馭橫者先馭

其氣氣平則外橫不侵

養弟子如養閨女最要嚴出入謹交遊若一接近匪人是清淨田中下一不淨的種子便終身難植嘉苗矣

欲路上事毋樂其便而姑為染指一染指便深入萬仞理路上事毋憚其難而稍為退步一退步便遠隔千山

念頭濃者自待厚待人亦厚處處皆厚念頭淡者自待薄待人亦薄事事皆薄故君子居常嗜好不可太濃艷亦不宜太枯寂

彼富我仁彼爵我義君子故不為君相所牢籠人定勝天志壹動氣君子亦不受造化之陶鑄

立身不高一步立如塵裏振衣泥中濯足如何超達處世不退一步處如飛蛾投燭羝羊觸藩如何安樂

學者要收拾精神並歸一處如脩德而留意於事

功名譽必無實誼讀書而寄興于吟咏風雅定不深心

人人有個大慈悲維摩屠劊無二心也處處有種真趣味金屋茅簷非兩地也只是欲閉情封當面錯過便咫尺千里矣

進德脩行要個木石的念頭若一有欣羨便趨欲境濟世經邦要段雲水的趣味若一有貪著便墮危機

肝受病則目不能視腎受病則耳不能聽病受於人所不見必發於人所共見故君子欲無得罪于昭昭先無得罪于冥冥

福莫福於少事禍莫禍於多心惟少事者方知少事之為福惟平心者始知多心之為禍

處治世宜方處亂世當圓處叔季之世當方圓并用待善人宜寬待惡人當嚴待庸衆之人宜寬嚴互存

我有功於人不可念而過則不可不念人有恩于我不可忘而怨則不可不忘

心地乾淨方可讀書學古不然見一善行竊以濟私聞一善言假以覆短是又藉寇兵而齎盜糧矣

奢者富而不足何如儉者貧而有餘能者勞而俯怨何如拙者逸而全真

讀書不見聖賢如鉛槧傭居官不愛子民如衣冠盜講學不尚躬行如口頭禪立業不思種德如眼前花

人心有部真文章都被殘編斷簡封固了有部真鼓吹都被妖歌艷舞湮沒了學者須掃除外物直覓本來纔有個真受用

苦心中常得悅心之趣得意時便生失意之悲

富貴名譽自道德來者如山林中花自是舒徐繁衍自功業來者如盆檻中花便有遷徙廢興若以權力得者其根不植其萎可立而待矣

棲守道德者寂寞一時依阿權勢者凄凉萬古達人觀物外之物思身後之身寧受一時之寂寞毋取萬古之凄凉

春至時和花尚鋪一段好色鳥且轉幾句好音士君子幸列頭角復遇溫飽不思立好言行好事雖是在世百年恰似未生一日

學者有段兢業的心思又要有段瀟洒的趣味若一味斂束清苦是有秋殺無春生何以發育萬物

真廉無廉名立名者正所以為貪大巧無巧術用術者乃所以為拙

心體光明暗室中有青天念頭暗昧白日下有厲鬼

人知名位為樂不知無名無位之樂為最真人知飢寒為憂不知不飢不寒之憂為更甚

為惡而畏人知惡中猶有善路為善而急人知善處即是惡根

棲守道德者寂寞一時依阿權勢者淒涼萬古達人觀物外之物思身後之身寧受一時之寂寞毋取萬古之淒涼

春至時和花尚鋪一段好色鳥且囀幾句好音士君子幸列頭角復遇溫飽不思立好言行好事雖是在世百年恰似未生一日

學者有段兢業的心思又要有段瀟灑的趣味若一味斂束清苦是有秋殺無春生何以發育萬物

真廉無廉名立名者正所以為貪大巧無巧術用術者乃所以為拙

心體光明暗室中有青天念頭暗昧白日下有厲鬼

人知名位為樂不知無名無位之樂為最真人知飢寒為憂不知不飢不寒之憂為更甚

為惡而畏人知惡中猶有善路為善而急人知善處即是惡根

天之機緘不測抑而伸伸而抑皆是播弄英雄顛倒豪傑處君子只是逆來順受居安思危天亦無所用其伎倆矣

福不可徼養喜神以為招福之本禍不可避去殺機以為遠禍之方

十語九中未必稱奇一語不中則愆尤駢集十謀九成未必歸功一謀不成則訾議叢興君子所以寧默毋躁寧拙毋巧

天地之氣暖則生寒則殺故性氣清冷者受享亦涼薄惟氣和煖心之人其福亦厚其澤亦長

天理路上甚寬稍游心胸中便覺廣大宏朗人欲路上甚窄纔寄迹眼前俱是荊棘泥塗

一苦一樂相磨練練極而成福者其福始久一疑一信相參勘勘極而成知者其知始真

地之穢者多生物水之清者常無魚故君子當存含垢納污之量不可持好潔獨行之操

泛駕之馬可就馳驅躍冶之金終歸型範只一優游不振便終身無個進步白沙云為人多病未足羞一生無病是吾憂真確實論也

人只一念貪私便銷剛為柔塞智為昏變恩為慘染潔為污壞了一生人品故古人以不貪為寶所以度越一世

耳目見聞為外賊情欲意識為內賊只是主人公惺惺不昧獨坐中堂賊便化為家人矣

圖未就之功不如保已成之業悔既往之失亦要防将来之非

氣象要高曠而不可疎狂心思要縝縅而不可瑣屑趣味要沖淡而不可偏枯操守要嚴明而不可激烈

風来疎竹風過而竹不留聲雁度寒潭雁去而潭不留影故君子事來而心始現事去而心隨空

清能有容仁能善斷明不傷察直不過矯是謂蜜

況[illegible]以[illegible]可[illegible][illegible][illegible][illegible]治以金[illegible][illegible][illegible]只一[illegible]

[illegible]木[illegible]便終身無個進步白沙云為人多病未足羞一生無病是吾憂真確實論也

人只一念貪私便銷剛為柔塞智為昏變恩為慘染潔為汙壞了一生人品故古人以不貪為寶所以度越一世

耳目見聞為外賊情欲意識為內賊只是主人公惺惺不昧獨坐中堂賊便化為家人矣

圖未就之功不如保已成之業悔既往之失亦要防將來之非

氣象要高曠而不可疏狂心思要縝密而不可瑣屑趣味要沖淡而不可偏枯操守要嚴明而不可激烈

風來疏竹風過而竹不留聲雁度寒潭雁去而潭不留影故君子事來而心始現事去而心隨空

清能有容仁能善斷明不傷察直不過矯是謂蜜

餞不甜海味不鹹纔是懿德

貧家淨掃地貧女淨梳頭景色雖不艷麗氣度自是風雅士君子當窮愁寥落奈何輒自廢弛哉

閒中不放過忙中有受用靜中不落空動中有受用暗中不欺隱明中有受用

念頭起處纔覺向欲路上去便挽從理路上來一起便覺一覺便轉此是轉禍為福起死回生的關頭切莫當面錯過

天薄我以福吾厚吾德以迓之天勞我以形吾逸吾心以補之天阨我以遇吾亨吾道以通之天且奈我何哉

真士無心徼福天即就無心處牖其衷險人著意避禍天即就著意中奪其魄可見天之機權最神人之智巧何益

聲妓晚景從良一世之煙花無礙貞婦白頭失守半生之清苦俱非語云看人只看後半截真名言

饑不甜海味不醎饑是饑穠

貧家淨掃地貧女淨梳頭景色雖不豔麗氣度自是風雅士君子當窮愁寥落奈何輒自廢弛哉

閑中不放過忙中有受用靜中不落空動中有受用暗中不欺隱明中有受用

念頭起處纔覺向欲路上去便挽從理路上來一起便覺一覺便轉此是轉禍為福起死回生的關頭切莫當面錯過

天薄我以福吾厚吾德以迓之天勞我以形吾逸吾心以補之天阨我以遇吾亨吾道以通之天且奈我何哉

貞士無心徼福天即就無心處牖其衷險人著意避禍天即就著意中奪其魄可見天之機權最神人之智巧何益

聲妓晚景從良一世之煙花無礙貞婦白頭失守半生之清苦俱非語云看人只看後半截真名言

也

平民肯種德施惠便是無位的卿相仕夫徒貪權市寵竟成有爵的乞人

問祖宗之德澤吾身所享者是當念其積累之難問子孫之福祉吾身所貽者是要思其傾覆之易

君子而詐善無異小人之肆惡君子而改節不若小人之自新

家人有過不宜暴揚不宜輕棄此事難言借他事而隱諷之今日不悟俟來日正警之如春風之解凍和氣之消氷纔是家庭的型範

此心常看的圓滿天下自無缺陷之世界此心常放的寬平天下自無險側之人情

淡薄之士必為濃艷者所疑檢飭之人多為放肆者所忌君子處此固不可少變其操履亦不可太露其鋒鋩

居逆境中周身皆鍼砭藥石砥節礪行而不覺處

順境内滿前盡兵刃戈矛銷膏靡骨而不知生長富貴叢中的嗜欲如猛火權勢似烈燄若不帶些清冷氣味其火燄不至焚人必將自焚

人心一真便霜可飛城可隕金石可貫若偽妄之人形骸徒具真宰已亡對人則面目可憎獨居則形影自愧

文章做到極處無有他奇只是恰好人品做到極處無有他異只是本然

以幻迹言無論功名富貴即肢體亦屬委形以真境言無論父母兄弟即萬物皆吾一體人能看的破認的真纔可以任天下之負擔亦可脫世間之韁鎖

爽口之味皆爛腸腐骨之藥五分便無殃快心之事悉敗身散德之媒五分便無悔

不責人小過不發人陰私不念人舊惡三者可以養德亦可以遠害

順境內滿前盡兵刃戈矛銷膏靡骨而不知

生長富貴叢中的嗜欲如猛火權勢似烈燄若不帶些清冷氣味其火燄不至焚人必將自焚

人心一真便霜可飛城可隕金石可貫若偽妄之人形骸徒具真宰已亡對人則面目可憎獨居則形影自愧

文章做到極處無有他奇只是恰好人品做到極處無有他異只是本然

以幻迹言無論功名富貴即肢體亦屬委形以真境言無論父母兄弟即萬物皆吾一體人能看的破認的真纔可以任天下之負擔亦可脫世間之韁鎖

爽口之味皆爛腸腐骨之藥五分便無殃快心之事悉敗身喪德之媒五分便無悔

不責人小過不發人陰私不念人舊惡三者可以養德亦可以遠害

天地有萬古此身不再得人生只百年此日最易過幸生其間者不可不知有生之樂亦不可不懷虛生之憂

老來疾病都是壯時招得衰時罪業都是盛時作得故持盈履滿君子尤兢兢焉

市私恩不如扶公議結新知不如敦舊好立榮名不如種陰德尚奇節不如謹庸行

公平正論不可犯手一犯手則貽羞萬世權門私竇不可著腳一著腳則玷污終身

曲意而使人喜不若直節而使人忌無善而致人譽不如無惡而致人毀

處父兄骨肉之變宜從容不宜激烈遇朋友交遊之失宜剴切不宜優游

小處不滲漏暗處不欺隱末路不怠荒纔是真正英雄

驚奇喜異者終無遠大之識苦節獨行者要有恒

天地有萬古此身不再得人生只百年此日最易過幸生其間者不可不知有生之樂亦不可不懷虛生之憂

老來疾病都是壯時招的衰後罪孽都是盛時作的故持盈履滿君子尤兢兢焉

市私恩不如扶公議結新知不如敦舊好立榮名不如種隱德尚奇節不如謹庸行

公平正論不可犯手一犯手則貽羞萬世權門私竇不可著腳一著腳則玷污終身

曲意而使人喜不若直節而使人忌無善而致人譽不如無惡而致人毀

處父兄骨肉之變宜從容不宜激烈遇朋友交遊之失宜剴切不宜優游

小處不滲漏暗中不欺隱末路不怠荒纔是真正英雄

驚奇喜異者無遠大之識苦節獨行者非恆

久之操

當怒火欲水正騰沸時明明知得又明明犯著知得是誰犯著又是誰此處能猛然轉念邪魔便為真君子矣

毋偏信而為奸所欺毋自任而為氣所使毋以己之長而形人之短毋因己之拙而忌人之能

人之短處要曲為彌縫如暴而揚之是以短攻短人有頑的要善為化誨如忿而嫉之是以頑濟頑

遇沉沉不語之士且莫輸心見悻悻自好之人應須防口

念頭昏散處要知提醒念頭喫緊時要知放下不然恐去昏昏之病又來憧憧之擾矣

霽日青天倏變為迅雷震電疾風怒雨倏轉為朗月晴空氣機何嘗一毫凝滯太虛何嘗一毫障蔽人之心體亦當如是

勝私制欲之功有曰識不早力不易者有曰識得

人之樂

當忿火慾水正騰沸時明明知得又明明犯著知
得是誰犯著又是誰此處能猛然轉念邪魔便為
真君子矣

毋偏信而為奸所欺毋自任而為氣所使毋以己
之長而形人之短毋因己之拙而忌人之能

人之短處要曲為彌縫如暴而揚之是以短攻短
人有頑的要善為化誨如忿而疾之是以頑濟頑

遇沉沉不語之士且莫輸心見悻悻自好之人應
須防口

念頭昏散處要知提醒念頭喫緊時要知放下不
然恐去昏昏之病又來憧憧之擾矣

霽日青天倏變為迅雷震電疾風怒雨倏轉為朗
月晴空氣機何嘗一毫凝滯太虛何嘗一毫障蔽
人之心體亦當如是

勝私制欲之功有曰識不早力不易者有曰識得

破忍不過者蓋識是一顆照魔的明珠力是一把斬魔的慧劍兩不可少也

橫逆困窮是煆煉豪傑的一副爐錘能受其煆煉者則身心交益不受其煆煉者則身心交損

害人之心不可有防人之心不可無此戒疎於慮者寧受人之欺毋逆人之詐此警傷于察者二語並存精明渾厚矣

毋因羣疑而阻獨見毋任己意而廢人言毋私小惠而傷大體毋借公論以快私情

善人未能急親不宜預揚恐来讒譖之奸惡人未能輕去不宜先發恐招媒孽之禍

青天白日的節義自暗室屋漏中培来旋乾轉坤的經綸從臨深履薄中操出

父慈子孝兄友弟恭縱做到極處俱是合當如是著不得一毫感激的念頭如施者任德受者懷恩便是路人便成市道矣

破忍不過者蓋識是一顆照魔的明珠力是一把斬魔的慧劍兩不可少也

橫逆困窮是煅煉豪傑的一副爐錘能受其煅煉者則身心交益不受其煅煉者則身心交損

害人之心不可有防人之心不可無此戒疏於慮者寧受人之欺毋逆人之詐此警傷於察者二語並存精明而渾厚矣

毋因群疑而阻獨見毋任己意而廢人言毋私小惠而傷大體毋借公論以快私情

善人未能急親不宜預揚恐來讒譖之奸惡人未能輕去不宜先發恐招媒孽之禍

青天白日的節義自暗室屋漏中培來旋乾轉坤的經綸從臨深履薄中操出

父慈子孝兄友弟恭縱做到極處俱是合當如是着不得一毫感激的念頭如施者任德受者懷恩便是路人便成市道矣

炎涼之態富貴更甚於貧賤妬忌之心骨肉尤狠于外人此處若不當以冷腸御以平氣鮮不日坐煩惱障中矣

功過不宜少混混則人懷惰隳之心恩仇不可太明明則人起携貳之志

惡忌陰善忌陽故惡之顯者禍淺而隱者禍深善之顯者功小而隱者功大

德者才之主才者德之奴有才無德如家無主而奴用事矣幾何不魍魎猖狂

鋤奸杜倖要放他一條去路若使之一無所容便如塞鼠穴者一切去路都塞盡則一切好物都咬破矣

士君子貧不能濟物者遇人癡迷處出一言提醒之遇人急難處出一言解救之亦是無量功德矣

處已者觸事皆成藥石尤人者動念即是戈矛一以闢衆善之路一以濬諸惡之源相去霄壤矣

炎涼之態富貴更甚於貧賤妬忌之心骨肉尤狠于外人此處若不當以冷腸御以平氣鮮不日坐煩惱障中矣

功過不宜少混混則人懷惰隳之心恩仇不可太明明則人起攜貳之志

惡忌陰善忌陽故惡之顯者禍淺而隱者禍深善之顯者功小而隱者功大

德者才之主才者德之奴有才無德如家無主而奴用事矣幾何不魍魎猖狂

鋤奸杜倖要放他一條去路若使之一無所容便如塞鼠穴者一切去路都塞盡則一切好物俱咬破矣

士君子貧不能濟物者遇人痴迷處出一言提醒之遇人急難處出一言解救之亦是無量功德矣

反己者觸事皆成藥石尤人者動念即是戈矛一以闢眾善之路一以濬諸惡之源相去霄壤矣

事業文章隨身銷毀而精神萬古如新功名富貴逐世轉移而氣節千載一時羣信不以彼易此也

魚網之設鴻則罹其中螳螂之貪雀又乘其後機裏藏機變外生變智巧何足恃哉

作人無一點真懇的念頭便成個花子事事皆虛涉世無一段圓活的機趣便是個木人處處有礙

有一念而犯鬼神之禁一言而傷天地之和一事而釀子孫之禍者最宜切戒

事有急之不白者寬之或自明毋躁急以速其忿人有切之不從者縱之或自化毋操切以益其頑

節義傲青雲文章高白雪若不以德性陶鎔之終為血氣之私技能之末

謝事當謝于正盛之時居身宜居于獨後之地謹德須謹于至微之事施恩務施于不報之人

德者事業之基未有基不固而棟宇堅久者心者修裔之根未有根不植而枝葉榮茂者

事業文章隨身銷毀而精神萬古如新功名富貴
逐世轉移而氣節千載一時君子信不以彼易此也

魚網之設鴻則罹其中螳螂之貪雀又乘其後機
裏藏機變外生變智巧何足恃哉

作人無一點真懇念頭便成個花子事事皆虛
涉世無一段圓活的機趣便是個木人處處有礙

有一念而犯鬼神之禁一言而傷天地之和一事
而釀子孫之禍者最宜切戒

事有急之不白者寬之或自明毋躁急以速其忿
人有操之不從者縱之或自化毋操切以益其頑

節義傲青雲文章高白雪若不以德性陶鎔之終
為血氣之私技能之末

謝事當謝于正盛之時居身宜居于獨後之地
謹德須謹于至微之事施恩務施于不報之人

德者事業之基未有基不固而棟宇堅久者心
者修裔之根未有根不植而枝葉榮茂者

道是一件公衆的物事當隨人而接引學是一個尋常的家飯當隨事而警惕

念頭寬厚的如春風煦育萬物遭之而生念頭忌尅的如朔雪陰凝萬物遭之而死

勤者敏於德義而世人借勤以濟其貪儉者淡於貨利而世人假儉以飾其吝君子持身之符反為小人營私之具矣惜哉

人之過誤宜恕而在己則不可恕己之困辱宜忍而在人則不可忍

恩宜自淡而濃先濃後淡者人忘其惠威宜自嚴而寬先寬後嚴者人怨其酷

士君子處權門要路操履要嚴明心氣要和易毋少隨而近腥羶之黨亦毋過激而犯蜂蠆之毒

遇欺詐的人以誠心感動之遇暴戾的人以和氣薰蒸之遇傾邪私曲的人以名義氣節激礪之天下無不入我陶鎔中矣

一念慈祥可以醞釀兩間和氣寸心潔白可以昭垂百代清芬

陰謀怪習異行奇能俱是涉世的禍胎只一個庸德庸行便可以完混沌而招和平

語云登山耐險路踏雪耐危橋一耐字極有意味如傾險之人情坎坷之世道若不得一耐字撐持過去幾何不墮入榛莽坑塹哉

誇逞功業炫燿文章皆是靠外物做人不知心體瑩然本来不失即無寸功隻字亦自有堂堂正正做人處

不昧己心不拂人情不竭物力三者可以為天地立心為生民立命為子孫造福

居官有二語曰惟公則生明惟廉則生威居家有二語曰惟恕則平情惟儉則足用

處富貴之地要知貧賤的痛癢當少壯之時須念衰老的辛酸

一念慈祥可以醞釀兩間和氣寸心潔白可以昭
垂百代清芬

陰謀怪習異行奇能俱是涉世的禍胎只一個庸
德庸行便可以完混沌而招和平

語云登山耐險路踏雪耐危橋一耐字極有意味
如傾險之人情坎坷之世道若不得一耐字撐持
過去幾何不墮入榛莽坑塹哉

誇逞功業炫耀文章皆是靠外物做人不知心體

瑩然本來不失即無寸功隻字亦自有堂堂正正
做人處

不昧己心不盡人情不竭物力三者可以為天地
立心為生民立命為子孫造福

居官有二語曰惟公則生明惟廉則生威居家有
二語曰惟恕則情平惟儉則用足

處富貴之地要知貧賤的痛癢當少壯之時須念
衰老的辛酸

持身不可太皎潔一切污辱垢穢要茹納的與人不可太分明一切善惡賢愚要包容的

休與小人仇讐小人自有對頭休向君子諂媚君子原無私惠

磨礪當如百煉之金急就者非邃養施為宜似千鈞之弩輕發者無宏功

建功立業者多虛圓之士僨事失機者必執拗之人

儉美德也過則為慳吝為鄙嗇反傷雅道讓懿行也過則為足恭為曲禮多出機心

毋憂拂意毋喜快心毋恃久安毋憚初難

飲宴之樂多不是個好人家聲華之習勝不是個好士子名位之念重不是個好臣工

仁人心地寬舒便福厚而慶長事事成個寬舒氣象鄙夫念頭迫促便祿薄而澤短事事成個迫促規模

用人不宜刻刻則思效者去交友不宜濫濫則貢諛者來

大人不可不畏畏大人則無放逸之心小民亦不可不畏畏小民則無豪橫之名

事稍拂逆便思不如我的人則怨尤自消心稍怠荒便思勝似我的人則精神自奮

不可乘喜而輕諾不可因醉而生瞋不可乘快而多事不可因倦而鮮終

釣水逸事也尚持生殺之柄奕棋清戲也且動戰爭之心可見喜事不如省事之為適多能不如無能之全真

聽靜夜之鐘聲喚醒夢中之夢觀澄潭之月影窺見身外之身

鳥語蟲聲總是傳心之訣花英草色無非見道之文學者要天機清徹胸次玲瓏觸物皆有會心處

人解讀有字書不解讀無字書知彈有絃琴不知

用人不宜刻刻則思效者去交友不宜濫濫則貢諛者來

大人不可不畏畏大人則無放逸之心小民亦不可不畏畏小民則無豪橫之名

事稍拂逆便思不如我的人則怨尤自消心稍怠荒便思勝似我的人則精神自奮

不可乘喜而輕諾不可因醉而生嗔不可乘快而多事不可因倦而鮮終

釣水逸事也尚持生殺之柄弈棋清戲也且動戰爭之心可見喜事不如省事之為適多能不如無能之全真

聽靜夜之鐘聲喚醒夢中之夢觀澄潭之月影窺見身外之身

鳥語蟲聲總是傳心之訣花英草色無非見道之文學者要天機清澈胸次玲瓏若皆有會心處

人解讀有字書不解讀無字書知彈有絃琴不知

彈無絃琴以迹用不以神用何以得琴書佳趣

山河大地已屬微塵而況塵中之塵血肉身軀且歸泡影而況影外之影非上上智無了了心

石火光中爭長競短幾何光陰蝸牛角上較雌論雄許大世界

有浮雲富貴之風而不必岩棲穴處無膏肓泉石之癖而常自醉酒躭詩競逐聽人而不嫌盡醉恬憺適已而不誇獨醒此釋氏所謂不為法纏不為空纏身心兩自在者

延促由於一念寬窄係之寸心故機閑者一日遙于千古意寬者斗室廣於兩間

都來眼前事知足者仙境不知足者凡境總出世上因善用者生機不善用者殺機

趨炎附勢之禍甚慘亦甚速棲恬守逸之味㝡淡亦最長

色欲火熾而一念及病時便興似寒灰名利飴甘

彈無絃琴以跡用不以神用何以得琴書佳趣

山河大地已屬微塵而況塵中之塵血肉身軀且歸泡影而況影外之影非上上智無了了心

石火光中爭長競短幾何光陰蝸牛角上較雌論雄許大世界

有浮雲富貴之風而不必岩棲穴處無膏肓泉石之癖而常自醉酒耽詩競逐聽人而不嫌盡醉恬淡適己而不誇獨醒此釋氏所謂不為法纏不為

空纏身心兩自在者

延促由於一念寬窄係之寸心故機閒者一日遙於千古意寬者斗室廣於兩間

都來眼前事知足者仙境不知足者凡境總出世上因善用者生機不善用者殺機

趨炎附勢之禍甚慘亦甚速棲恬守逸之味最淡亦最長

色欲火熾而一念及病時便興似寒灰名利飴甘

而一想到死地便味如嚼蠟故人常憂死慮病亦可消幻業而長道心

爭先的徑路窄退後一步自寬平一步濃艷的滋味短清淡一分自悠長一分

隱逸林中無榮辱道義路上泯炎涼進步處便思退步庶免觸藩之禍著手時先圖放手纔脫騎虎之危

貪得者分金恨不得玉封公怨不授侯權豪自甘乞丐知足者藜羹旨於膏粱布袍煖于狐貉編民不讓王公

矜名不如逃名趣練事何如省事閒孤雲出岫去留一無所係朗鏡懸空靜躁兩不相干

山林是勝地一營戀便成市朝書畫是雅事一貪癡便成商賈蓋心無染著欲境是仙都心有絲牽樂境成悲地

時當喧雜則平日所記憶者皆漫然忘去境在清

寧則夙昔所遺忘者又恍爾現前可見靜躁稍分昏明頓異也

蘆花被下卧雪眠雲保全得一窩夜氣竹葉杯中吟風弄月躲離了萬丈紅塵

出世之道即在涉世中不必絶人以逃世了心之功即在盡心内不必絶慾以灰心

此身常放在閒處榮辱得失誰能差遣我此心常安在靜中是非利害誰能瞞昧我

我不希榮何憂乎利祿之香餌我不競進何畏乎仕宦之危機

多藏厚亡故知富不如貧之無慮高步疾顛故知貴不如賤之常安

世人只緣認得我字太真故多種種嗜好種種煩惱前人云不復知有我安知物為貴又云知身不是我煩惱更何侵真破的之言也

人情世態倏忽萬端不宜認得太真堯夫云昔日

聲即風音所遺志者天機隨現而可見靜躁分各明顯異也

蘆花被下臥雪眠雲保全得一窩夜氣竹葉杯中吟風弄月躲離了萬丈紅塵

出世之道即在涉世中不必絕人以逃世了心之功即在盡心內不必絕欲以灰心

此身常放在閒處榮辱得失誰能差遣我此心常安在靜中是非利害誰能瞞昧我

我不希榮何憂乎利祿之香餌我不競進何畏乎仕宦之危機

多藏厚亡故知富不如貧之無慮高步疾顛故知貴不如賤之常安

世人只緣認得我字太真故多種種嗜好種種煩惱前人云不復知有我安知物為貴又云知身不是我煩惱更何侵真破的之言也

人情世態倏忽萬端不宜認得太真堯夫云昔日

所云我今朝却是伊不知今日我又屬後来誰人常作是觀便可解却胸中罥矣

有一樂境界就有一不樂的相對待有一好光景就有一不好的相乘除只是尋常家飯素位風光纔是個安樂窩巢

知成之必敗則求成之心不必太堅知生之必死則保生之道不必過勞

眼看西晉之荊榛猶矜白刃身屬北邙之狐兎尚惜黃金語云猛獸易伏人心難降谿壑易塡人心難滿信哉

心地上無風濤隨在皆青山綠樹性天中有化育觸處都魚躍鳶飛

狐眠敗砌兎走荒臺盡是當年歌舞之地露冷黃花煙迷衰草悉屬舊時爭戰之場盛衰何常強弱安在念此令人心灰

寵辱不驚閒看庭前花開花落去留無意漫隨天

所云於今朝卻是昨不知今日從天屬後來誰入常作是觀便可解卻胸中罥矣

有一樂境界就有一不樂的相對待有一好光景就有一不好的相乘除只是尋常家飯素位風光才是個安樂的窩巢

知成之必敗則求成之心不必太堅知生之必死則保生之道不必過勞

眼看西晉之荊榛猶矜白刃身屬北邙之狐兔尚惜黃金語云猛獸易伏人心難降谿壑易填人心難滿信哉

心地上無風濤隨在皆青山綠樹性天中有化育觸處都見魚躍鳶飛

狐眠敗砌兔走荒臺盡是當年歌舞之地露冷黃花煙迷衰草悉屬舊時爭戰之場盛衰何常強弱安在念此令人心灰

寵辱不驚閒看庭前花開花落去留無意漫隨天

外雲卷雲舒

晴空朗月何天不可翱翔而飛蛾獨投夜燭清泉綠竹何物不可飲啄而鴟鴞偏嗜腐鼠噫世之不為飛蛾鴟鴞者幾何人哉

權貴龍驤英雄虎戰以冷眼視之如蠅聚羶如蟻競血是非蜂起得失蝟興以冷情當之如冶化金如湯消雪

真空不空執相非真破相亦非真問世情如何發付在世出世徇欲是苦絕欲亦是苦聽吾儕善自脩持

烈士讓千乘貪夫爭一文人品星淵也而好名不殊好利天子營家國乞人號饔飧位分霄壤也而焦思何異焦聲

性天澄徹即飢飡渴飲無非康濟身心心地沉迷縱演偈談禪總是播弄精魄

人心有真境非絲非竹而自恬愉不煙不茗而自

外雲蒸霞蔚

晴空朗月何天不可翱翔而飛蛾獨投夜燭清泉綠卉何物不可飲啄而鴟鴞偏嗜腐鼠噫世之不為飛蛾鴟鴞者幾何人哉

權貴龍驤英雄虎戰以冷眼視之如蠅聚羶如蟻競血是非蜂起得失蝟興以冷情當之如冶化金如湯消雪

真空不空執相非真破相亦非真問世尊如何發付在世出世徇欲是苦絕欲亦是苦聽吾儕善自修持

烈士讓千乘貪夫爭一文人品星淵也而好名不殊好利天子營家國乞人號饔飧位分霄壤也而焦思何異焦聲

性天澄澈即飢餐渴飲無非康濟身心心地沉迷縱演偈談禪總是播弄精魂

人心有真境非絲非竹而自恬愉不煙不茗而自

清芬須念淨境空慮忘形釋纔得以游衍真中

天地中萬物人倫中萬情世界中萬事以俗眼觀紛紛各異以道眼觀種種是常何須分別何須取捨

纏脫只在自心心了則屠肆糟糠居然淨土不然縱一琴一鶴一花一竹嗜好雖清魔障終在語云能休塵境為真境未了僧家是俗家

以我轉物者得固不喜失亦不憂大地盡屬逍遙以物役我者逆固生憎順亦生愛一毫便生纏縛

試思未生之前有何象貌又思既死之後有何景色則萬念灰冷一性寂然自可超物外而遊象先

優人傅粉調硃效妍醜於毫端俄而歌殘場罷妍醜何存奕者爭先競後較雌雄于着手俄而局盡子收雌雄安在

把握未定宜絕跡塵囂使此心不見可欲而不亂以澄吾靜體操持既堅又當混迹風塵使此心見

世態有炎涼而我無嗔喜世味有濃淡而我無欣厭一毫不落世情窠臼便是一在世出世法也

可破石亦不可以養石圓機

喜寂厭喧者往往避人以求靜不知意在無人便成我相心著於靜便是動根何如到得人我一空動靜兩忘的境界

人生福境禍區皆念想造成故釋氏云利欲熾然即是火坑貪愛沉溺便為苦海一念清淨烈焰成池一念警覺船登彼岸念頭稍異境界頓殊可不慎哉

繩鋸木斷水滴石穿學道者須要努索水到渠成瓜熟蒂落得道者一任天機

就一身了一身者方能以萬物付萬物還天下於天下者方能出世間於世間

人生原是一傀儡只要把柄在手一線不亂卷舒自由行止在我一毫不受他人提掇便超此場中矣

為鼠常留飯憐蛾不點燈古人此點念頭是吾人一點生生之機無此即所謂土木形骸而已

可欲而亦不亂以養吾圓機

喜寂厭喧者往往避人以求靜不知意在無人便成我相心着於靜便是動根如何到得人我一空動靜兩忘的境界

人生禍區福境皆念想造成故釋氏云利欲熾然即是火坑貪愛沉溺便為苦海一念清淨烈焰成池一念驚覺航登彼岸念頭稍異境界頓殊可不慎哉

繩鋸材斷水滴石穿學道者須要努索水到渠成瓜熟蒂落得道者一任天機

就一身了一身者方能以萬物付萬物還天下於天下者方能出世間于世間

人生原是傀儡只要把柄在手一線不亂卷舒自由行止在我一毫不受他人提掇便超此場中矣

為鼠常留飯憐蛾不點燈古人此點念頭是吾一點生生之機無此即所謂土木形骸而已